LUNULAE

LUNULAE

New & Selected Poems in Translation

Doireann Ní Ghríofa

With an introduction by Adam Hanna
Edited by Brian Ó Conchubhair & Daniela Theinová

PANGUR
BÁN
SERIES

WAKE FOREST UNIVERSITY PRESS

First North American edition

Poems & Translations © Doireann Ní Ghríofa, 2024

Introduction © Adam Hanna, 2024

For permission, write to

Wake Forest University Press

Post Office Box 7333

Winston-Salem, NC 27109

wfupress.wfu.edu

wfupress@wfu.edu

ISBN 978-1-943667-16-1 (paperback)

LCCN 2024937425

Designed and typeset by Nathan Moehlmann,

Goosepen Studio & Press

Cover Image: *Bible* (1995) appears courtesy of the artist
Dorothy Cross and Kerlin Gallery, Dublin.

Publication of this book was made possible
by generous support from the Boyle Family Fund.

THE Tyrone Guthrie Centre
AT ANNAGHMAKERRIG

Printed in Canada

CONTENTS

INTRODUCTION

Lunulae have earthly reflections. One meaning of this word takes readers' minds to the prehistoric hoard of hammered gold, to crescent-moon-shaped ornaments that fastened cloaks and shone on necks long ago. The word's other meaning is more intimate and bodily: *lunulae* are the small, pale moon-shapes that nestle at the roots of fingernails. The title *Lunulae*, then, takes the gaze of the mind in different directions at once: to what is mysterious, shining, and ingeniously worked, and to the familiar forms of the backs of our own hands. *Lunulae*, like its name, at once encompasses the brilliance of the discovered treasure trove, and the everyday miracle of the body.

The human body, its griefs and wonders, are at the heart of this volume. Reading it is an education in how poetry is not just the product of a mind working through a hand. Rather, it is an activity of the whole physical being, one that partakes of all its energies. As such, the composition of poetry has kinship with other actions of the body: breathing and speaking, gestating a child and giving birth. For Doireann Ní Ghríofa, the body is not just a subject for art. Rather, both are twin entities that mirror each other's forms and movements. Her imagination is drawn to the connections between them as entwined sources of mysteries and illuminations.

This is a lunar collection, and its nocturnes partake of the night's solaces and solitudes. In it, the tide of the workaday recedes, and what is revealed is a lunar world that is gravid with moods and premonitions. In these nocturnal conditions, former lives and selves visit, and speak. These hauntings are often apprehended in the shelter of the home, a watchful place where the knots of wood in the floorboards stare out like the eyes of owls. There are also imaginative eruptions that come when the imagination pierces the home's boundaries. A roll of kitchen foil unspools itself out of the door to become a river of shining silver. A dishwasher, opened mid-cycle, is a pandora's box of fierce memories. On the hillside above the quiet suburb, the cattle ceaselessly chew over their cud. The domestic spaces Ní Ghríofa creates in her work are like the ones the spatial philosopher Henri Lefebvre encouraged us to see: not symbols of an illusory stability, but places "permeated from every direction by streams of energy which run in and out [...] by every imaginable route, [...] a complex of mobilities, a nexus of in and out conduits."* This collection is one that knows the pulls of both what is secure and enclosed, and of wildness.

Ní Ghríofa is celebrated as the author of *A Ghost in the Throat* (2020). This prose work distinguished her for her fearlessness as an explorer of the self, and for the fierceness of her curiosity about the past. Her collections of poetry in both Irish and English, like her prose work, ceaselessly follow the twisting routes that bring the past into the present. To Ní Ghríofa, lines of poetry are necessary lines of connection. They are slender threads that might just make links across the darkness of centuries. Her preoccupations with the invisible linkages that she shares with others, and the pulls that these linkages exert, recur continually. In an astoundingly varied body of work, what remains consistent is Ní Ghríofa's outbound intellectual curiosity. This has the capacity to take her readers with her across the precarious paths between era and era, human and human. Her poems have the power to assuage because they lead out from the distresses of isolated individual experiences, towards connection with the words, lives, and voices of others.

Lunulae is a tying together of threads, a reunification of sorts. Some poems, which have previously stood alone in her monolingual collections, here take their places beside their sibling-poems in another language. In this collection, as in her previous ones, there is adept footwork that marks the space around entities that are powerful, central, and not necessarily physically present. Like her earlier collections, *Lunulae* is sensitive to the traces and vibrations that disappeared things leave when they go. There are also poems here in which the wind shifts in a new direction. This is a volume that pulses with the promise of what is in the offing. The future, with its intimations of age, change, and renewal, casts its shadows over these poems. It is premonitory poetry, alive with gale warnings, tense with what is unknown and yet to come.

* Henri Lefebvre, *The Production of Space*, trans. by Donald Nicholson-Smith (Oxford: Blackwell, 1991), p. 93.

It is a book in two languages, and the word *lunulae* reminds us of the wandering paths taken by words as they pass from voice to voice across continents and centuries. *Lunulae* and its near relation in Latin, *luna*, have their origins in still older words that originated beyond Europe. In the west, *luna* was reborn in the English *lunar*, as well as in the Middle Irish *luan*. This volume, with its border-crossing title, is a testament to the generative power of thinking between languages. It has poems in English and Irish that are not the same, but which carry the same weight; it is made of pairs of poems which are not identical, but have family resemblances. What makes Ní Ghríofa's poetry in two languages so vital and compelling are the new patterns of sounds that she creates. In all these poems, English and Irish, sounds join, divide and re-join in fleet, deft shapes. Like a starling in a flock, each sound contributes to a fluid, beautiful, ever-changing pattern. Sonic coherence is, here, a beguiling driving force in composition. The need for a sound to find an answering sound in rhyme bends the existing shapes of both languages into new forms. The poems of *Lunulae* are written in old languages that Ní Ghríofa makes new.

— Adam Hanna, March 2023

LUNULAE

Míreanna Mearaí

Ar feadh i bhfad
ní bhfuair mé ort ach spléachadh,
scáil a scaip faoi chraiceann teann,
mo bholg poncaithe ag pocléimneach—
gluaiseacht glúine nó uillinne,
cos, cromán nó mirlín murláin
sa mheascán mistéireach a d'iompair mé.

Le breacadh lae, phléasc tú
ón domhan dorcha sin,
is chaith mé míonna milse
ag cuimsiú píosaí do mhíreanna mearaí,
á gcur le chéile, á gcuimilt,
trácht coise i mbos mo láimhe,
cuar cloiginn i mbaic mo mhuiníl.

Chuir mé aithne mhall ort, a strainséirín.

Jigsaw

For months
there was little I could glimpse
in your jumble of limbs, but a muddle
of shadows stirring under my skin.
Untranslatable: my swollen middle
suddenly punctuated by the nudge
of a knee or an ankle, perhaps a small
knuckle rolling past fast as a marble,
or the cryptic twist of a heel or hip,

but once dawn drew you
from that dark world,
I spent months piecing
this jigsaw together at last, and I saw
how the arch of your foot fit the hollow
of my palm, how your head nestled
into the curve of my neck. I knew it: we fit.

Then you grew, little stranger, and I grew to know you.

Scragall Stáin

Scrolla fada airgid
srianta

i ngéibheann
an chófra,

lúbtha
ina rannóir cairtchláir

le lann fhiaclach
a sracann as

chun béalbhéasaí
a chur ar bhabhlaí

agus ar phrócaí
an chuisneora—

saol bocht,
suarach.

D'fhuasclaínn é, an scragall stáin. Dhéanainn
abhainn as, lí mhín liath scaoilte timpeall an tí.

Ag barr shléibhe an staighre, d'éiríodh an fhoinse
i nGuagán Barra, agus as sin, scaoilinn cláideach

uiscí geala síos le fána, ribín liath
ag rith tríd an halla, faoi dhroichead an toilg,

scáileanna na mbreac rua is na mbradán ag snámh
faoin duileasc inti.

Tin Foil

O aluminum roll,
o silver scroll,

confined
in a cupboard,

bound
in cardboard,

restrained
behind a jagged blade

that tears lengths away
to mute the bowls and jars

of the fridge —
o small,

spare
existence.

I would free it, this twisted tin. I'd lift it
from its cabinet and spin a river of it

to loosen a smooth grey spool
through our rooms.

At the summit of the stairs, the source would spurt up
from Gougane Barra, setting a mountain stream to gush,

and I'd lift it and give it a push, I'd let bright waters
rush down the slope until the hall filled with spilled silver ribbon.

Leanadh na huiscí uathu de chuar timpeall na ndoirse
go cathair na cistine. Faí agus fáir na bhfaoileán thairsti,

scaoilinn uiscí sciobtha a dhéanadh oileáin de chosa boird
agus bruacha de bhallaí, a chuireadh glór na habhann

ag canadh faoi thóchair na gcófraí, abhainn chathrach
déanta di, breac le scáileanna dorcha lannacha.

Chuirinn rón aonair ar strae inti agus cailín óg rua
ar an aon duine amháin a d'fheiceadh é.

Tharraingínn an abhainn le hualach a scéalta uile
ina diaidh agus lúbainn í siar chugam.

Craptha,
sractha,

cúlaithe,
d'fhillfinn

í ar ais
sa chófra arís.

Under the bridge of our couch, shadows of salmon
and brown trout would swim in and out of river weed.

Those waters would surge onwards then, swirling under doors
to the city-kitchen. Where gulls screech and shriek high,

I would thrust swifter currents that might make islands
of table legs and riverbanks of walls.

I'd give the water a voice
to hum through the culverts that run under cupboards,

a lilting city song lifting from liquid
speckled with gloom-shadows of mullet.

Song of frost.
I'd put a single seal there, lost,

and conjure the only person who'd glimpse it,
a red-haired girl on the docks.

I'd heave that river back then,
I'd haul it in brash armfuls

all the way back
to me.

Shrunken,
crumpled,

torn, I'd fold
it, and close it

back in its cupboard
once more.

Lunulae

Bíodh is gur theip ar an lá
mar a theip ar a sholas,

bíodh is gur ghéill an spéir arís
don ndorchadas,

i gcorráin ár n-ingne, lonraíonn
gealáin an dóchais — deich ngealach bheaga

a lasann gach greim, gile nach múchfar
fiú i scamaill na ndraighean.

Lunulae

Though it grew dark and darker,
how could we despair

when we remembered the crescents
in each fingernail?

Ten little moons
to glimmer our grip,

slips of brightness that persist,
holding our hands, even in darkness.

Nochtraí ar Oíche Ghealaí

Más fíor
nach séideann aon ghaoth ar dhroim na gealaí,
ní mó ná gur fágadh ann iad díreach mar a bhí,
rianta coiscéimeanna fós ag siúl na slí,
iarsmaí daonna sna cairn dheannaigh —

radharc nach bhfeicfimidne choíche, a chroí,
ach breathnaigh mar a lonraíonn ga tríd an gcuirtín.
Luímis faoi. Scaoilimis le cnaipí is sciortaí,
rianaímis an tslí ó shlinneán go smiolgadán
go lúb mhuiníl, beola ag coisíocht na gile arís,
amhail is dá mbeadh go síoraí.

A Nocturne Spun of Lust and Lunar Dust

If it's true
that the moon knows no wind
to unspin the footprints of men,
then they must be there still, those marks
made by human touch
chilled in clumps of lunar dust,

invisible to us,
though we don't see much
beyond burst buttons and undone skirts,
where curtains spill open to moonlit skin
and your lips cling to my clavicle
as though they always will.

Sráid Azul

Sa chistin, seolann boladh caife siar mé
go maidin eile, i dtír eile, i bhfad uainn,

áit a lasaim toitín is tú ag séideadh ar leacht dorcha,
gal is deatach ag eitilt le haer.

Princeann
      péire féileacán tharainn.

Monarchs, a deir tú. Cromann chugam
le míniú go n-eitlíonn siad 3,000 míle slí

go crainn ghiúise Mheicsiceo.
Smaoiním ar phobal na nAstacach

a shamhlaigh féileacáin ina n-anamacha
ar foluain trí spéartha ciúine — ba naimhde marbha acu iad,

nó mná a bhásaigh is iad ag saolú linbh — a gcneácha
tiontaithe ina sciatháin dhearga. Níl a fhios agam

céard ba chóir dom a rá. Nuair a osclaím mo bhéal,
eitlíonn mo theanga uaim ar an ngaoth.

Azul Street

The smell of coffee sends me from this kitchen
to a morning in the distance, in which I'm lighting

a cigarette as your breath flies over dark liquid.
Where smoke and steam rise into the sky,

    a pair of scarlet
        butterflies wing by.

Monarchs, you sigh,
will fly 3,000 miles

to reach Mexican fir trees.
I think of those who looked at butterflies

and saw souls floating
through quiet skies — enemy warriors,

or women who died in birthing —
wounds turned red wings.

I don't know what to say. When I open
my mouth, my tongue flies away.

Glaoch

Ní cheanglaíonn
aon chorda caol,
aon sreang theileafóin sinn níos mó.
I réimse na scáileán,
   ní thig liom
do ghuth a bhrú níos gaire do mo chluas.
Ní chloisim ag análú thú. Anois, is í an líne lag seo
an t-aon cheangal amháin atá eadrainn
agus titimid
   as a chéile
arís
   is
arís eile.

Call

No slender thread,
no telephone cord
binds us anymore.
Now that our screens call each other,
   I can't
press your voice to my ear.
No longer can I hear you breathe. Now, we are bound only
by a weak connection
and we break   up
and break up

               and break up.

Le Tatú a Bhaint

Shíl mé nach mbeadh ann ach go scriosfaí thú
sa tslí chéanna go gcuirfeadh gasúr grainc air féin
ag breathnú dó ar chóipleabhar breac le botúin,
á shlánú lena ghlantóir in athuair. Bhí dul amú orm.

Nuair a baineadh d'ainmse de mo chraiceann,
bhris na léasair an tatú ina mílte cáithníní líocha.
Shúigh mo chorp do dhúch scoilte, scaoilte. Anois,
is doimhne fós ionam siollaí d'ainm; táid daite
im' chealla. Táim breac leat.

Tá tú laistigh díom anois, caillte,
dofheicthe. Táimid dodhealaithe.

Tattoo Removal

I thought they would simply delete you,
as a child might find an error in homework,
frown, lift a pink eraser and rub it out,
but I was wrong. Everything's worse now.

To take your name from my skin, lasers
split it into a million particles of pigment.
My flesh bled, absorbing that broken ink,
letting your name fall deeper still.

Sink. Sink. Sunk. Now, you're stuck
in there, wedged somewhere
between my arteries, my shame,
my quivering veins, and I, I must live
with your syllables there, smashed, astray.

OK, OK. If you're inside me now, lost,
invisible, it's my fault, I'm sorry,
it was me who made us indivisible.

Sioc-Scríofa

Cosnocht ar an tairseach,
chonac gach díon, gach crann, gach cnoc
faoi shioc, dúch geal ar chlúdach litreach
le guth beag binn sioc-scríofa tríd,
cé nár léir don tsúil í.

Spideoigín. Ní brollach ach *broinndearg*
an sloinne a cheanglaímid lena eireabaillín.

Lá na hultrafhuaime, do labhair bean ghlúine
ach má labhair, níor labhair sí liom.
Privacy a dúirt sí, siollaí a tharraing
braillín bán ina bhalla ard le creathán tríd.

Ar cholbha na leapa shín braillín eile fúm
agus mhothaigh mé dúch
ag sileadh uaim, litreacha nach scríobhfar
ag lámh nach mbeadh greim agam uirthi
fillte in eireaball gan bhreith agam air.

Song of Frost

A spill of song from beyond
drew my feet to flinch from doorstep frost,
but no singer could be seen
in the ice stretching its sheets over the valley.
Still, that voice scribbled on,
invisible ink on an invisible envelope
addressed to me by a body I couldn't see.

Our tongue is one that calls a robin
not redbreast but *womb-crimson*.

When the midwife said *Privacy*, her voice
hauled a tall sheet to shiver a wall around me.
See the narrow bed, tugged and tucked tightly. See
how I held myself on its edge. Clenched. Bled. Wept.

Felt the ink-clots as they fell —
letters unspelled by a hand that couldn't be held,
the twitching tail of a robin who had fled.

Dialann na hOíche: Miasniteoir

[01:37] atá ag an gclog aláraim
nuair a dhúisíonn drantán mé, crónán
chomh domhain leis an dord
a chnag ar chúl chnámh an uchta
i gclub oíche tráth, dord a bhuaileann fós
i gcúlsráideanna na cathrach
i bhfad uaim. Aimsím mo bhealach síos
staighre tríd an dorchadas go mall
ag bogadh ar bharr na méar, lámha sínte.
Nuair a bhuailim ordóg choise ar dhoras na cistine,
titim in aghaidh an bhalla ag eascainí
mar a phreabaim isteach ar chéim bhacaí.
Tá geasa droma draíochta caite ag an oíche,
dorchadas tiubh, te a chaitheann cuma strainséartha
ar an gcistin agus gach a bhfuil inti. Sa chúinne,
tá creathán tochta i nglór an mhiasniteora,
a cheann bán á chaitheamh aige ó thaobh
go taobh, é ag cogarnaíl faoina fhiacla
i dteanga nach dtuigim. Nuair a shleamhnaím méar
faoina hanla, preabann sé ar oscailt de gheit,
an t-aer tobann im' thimpeall, chomh beo
le cith drithlí, galuisce a chuireann greadfach
im' chraiceann, a fhágann mo shúile scólta,
a chealgann m'aghaidh arís is arís.
Tá an miasniteoir iompaithe
ina chuasnóg foichí, ag dordán, ag seabhrán,
na céadta sciathán ar creathadh sa sobal. Osclaím
an fhuinneog, agus ar nós gaile, nó cairde,
éalaíonn siad, eitlíonn siad leo, scamall scaoilte
chun na spéire, amach san oíche bheo.

Noctuary: Dishwasher

Neon digits read [01:38]
when a buzzing hum shakes me awake,
deep as the dark bass thrum of nightclubs
that once bucked my breastbone like a pulse,
a pulse that still beats, steady as gull's wings
through city backstreets. I find my way
downstairs by fingertip, arms stretched out,
but stub a toe and yowl, hobble-limping
into the kitchen, cursing now,
to find that night has cast a *geis*, a spell
of hot, thick darkness. In the corner,
the dishwasher shakes its head, shudders
and mutters a language I can't comprehend.
I slide a finger in the slot and it flings itself open,
the air sudden as wasps. Steam sears
my eyes, scorching my cheeks, the machine
twisting itself into a nest, spitting insects,
thin wings skinning the suds,
until I shove the window up and away they rush,
dissipating fast as the shared breath of friends,
a brief cloud over drunken heads.
See how it lifts into the sky,
see how it climbs the living night.

Suburbia

Tá bearna chomh caol le lúidín linbh
idir gialla thithe na gcomharsan.
Eatarthu, tá cnoic
ar a luíonn bó na n-adharc lúbtha
ag cogaint na círe glaise.

Suburbia

There's a gap as slender as the baby's little finger
between our neighbors' gable ends, and if I squint now
I can nearly see the cows out in that mountain mud,
their horns all twisty-turn, their teeth all churn and churn,
gurning their plump, green cud.

Aimsir Chaite

Trasna an tseomra
ar thonnta lámh,
seoltar nótaí chugam.

Sa choirnéal graifítí
ar chúl na scoile
fanann sé orm,
blas tobac ar a bheola.

Le sciorta craptha suas thar ghlúine nochta,
caithim mo mhála ar leataobh,
lán le hobair bhaile gan tosú—
leathanaigh fholmha
ar bhriathra neamhrialta
san aimsir fháistineach.

Past Tense

On a wave of palms
his words float the class
to reach my hand.

Behind the school, the wall
where he waits is graffiti-fluent.
His fingers drum. His tongue tastes
of smoke and chewing gum.

My skirt's rolled up when I arrive,
flinging my schoolbag aside, full
of homework I haven't started yet —
page after empty page to be filled
with irregular verbs of the future tense.

Féile na Féintrua

Mo phluc bhocht. Díosctha ag fiacail chiotach,
atann sí is atann arís, go mborrann sméar sa bhéal,
mil mhiotail ar phreabadh i sú craobh.

Biseach gasta murach an teanga,
cailleach gharbh chomh tugtha don olc
gur gheal léi an nimhneacht i bhfocal ciotach.

Casann sí ar an masla,
dom' bhrú is dom' bhascadh, go sileann.
Och, och, mo phluc bhocht.

Pity Party

Poor cheek. Crushed by clumsy teeth, it swells
into raspberry meat: incarnadine, plump, steel-sweet.
If not for the tongue, it would heal swiftly,
but this rough lump loves a grudge. All morning,
it nudges the insult, going over it all again
and again by jab and shove, until eventually,
it bleeds. Poor cheek. Poor me.

Murach

Murach an sioc
murach an roth a sciorr ar an gcnoc

murach míne an bhoinn
murach gur theip ar a ghreim

ingne loma
ar dhroim an bhóithrín

murach gur scaoil—
murach gur scaoil—

murach gur scaoileadh
siar sinn

gach roth ina chlog
faoi luas tuathalach—

murach an chloch
a chur stop leis an roth

stop leis an gcarr
agus stop leis an gclog

murach an tost
a thit orainn

ní bheadh sí tugtha
faoi deara againn

an sceach
ghéagnocht

If Not

If not
for the frost

if not for the wheel
how swiftly

its pact with the road
was released

if not for the tire's
worn velveteen

dark nails bitten to the bleed
failing and failing to grip the boreen

if not for the squeal
if not for the squeal

when we were released
from our trajectory

no onwards anymore
the wheels gone weird

gone withershins —
if not for the rock

that forced a stop
to the wheel

a stop to the hill
and a stop to the clock

lena greim
dlúth docht

ar sméar dheireanach,
dhearg dhubh.

if not for the thorn tree
how brazenly it held that last berry

if not for that descent
and the stillness that followed it

we'd never have seen
that last crimson-dark droplet.

Paidrín

Trí chuirtín m'óige, síothlaíonn gaoth
a mheallann oícheanta eile chugam arís
nuair a lúb mé glúine anseo le guí,

mo bhéal faoi dhraíocht
ag sinsir-shiollaí, clocha a bpaidríní
á sníomh trím' chroí.

Dearg, an dealg, agus dearg, an fhís,
na focail bheannaithe
á gcogarnaíl arís

i ndorchadas lasta na súl dúnta,
gach oíche gur ghuigh mé anseo
ar mo ghlúine.

~

Anocht, le cách faoi shuan
ar bharr na méar a thagann tú chugam.
Nuair a shuíonn tú
ar an leaba romham,

líníonn lampa
naomhluan ort, órbhuí,
agus táim romhat
a chroí,

mo shúile, mo lámha,
mo bhéal d'aon impí,
tite ar mo ghlúine
arís, ag guí.

Prayer

In my childhood bedroom, the wind is shivering
the curtains, beckoning darkness in again.
Every night of my girl-years,

I knelt here,
lips trembling with inherited words
and inherited fears.

Those whisperings
made such clenched visions spin
— red fissures, thorns, weeping women —

while I knelt and begged my small desires
from the dark that fired
behind my eyelids.

~

Tonight,
you tiptoed to my door
while everyone else slept,
to sit on my bed, naked.

Lamp-lit,
you grow a yellow halo,
and again, I'm kneeling
in the dark below

as from my lips,
the old words
leap: *Oh god, oh god, oh please.*

Is Caol ~ an Miotal

I gcead do Otobong Nkanga

Is caol ~ an miotal
is caol ~ an geata

a sheasann eadrainn
oíche sheaca.

Is caol ~ an t-iarann
is caol ~ an lúb

is caol ~ an scoilt
dár scarúint.

Slender ~ the Metal

after Otobong Nkanga

Slender ~ the metal
slender ~ the gate

slender ~ the border
where frost grows late.

Slender ~ the metal
slender ~ the twist

how it divides us
how it splits.

Fáinleoga

Bhain na bioráin binneas ceoil ón gciúnas,
lúba ag tuirlingt amhail fáinleoga
ar sreang ag fáinne an lae,
ag faire ar shnáithín olla á shníomh
ina gúinín cróchbhuí,

déanta di siúd
a d'fhan, is
a d'imigh léi
i bhfaiteadh na súl.

Sínte spréite i m'aonar
i bhfuacht an ospidéil,
cuimlím míne, gile
an ghúna le mo leiceann.
Scaoilim leis an tsnaidhm,
ligim le

            lúb

    ar

lúb
snáithe silte, fáinleoga
ag titim as radharc
le luí na gréine.

Fásann an liathróid olla
i mo lámh: lúbtha, liath, lán.

Swallows

The knitting needles drew song from silence,
little stitches following each other
as dawn draws swallows to a wire,
to peer at a dress of yellow wool that grew
and grew bright as a bruise,

made for a girl
who came
and left
too soon.

Cold,
the dress I hold to my cheek
then unbind the knot,
and release

                    stitch

      after
stitch
each one unpicked, as swallows vanish
from dusk to the distance.

I hold this unravelment as it grows,
and oh, it grows, this unwound wool. It grows. Dull, full.

Sólás

Nóta: Den bhéaloideas é go bhfillfeadh anam an linbh mhairbh i riocht an cheolaire chíbe is go dtabharfadh a ceol faoiseamh croí don mháthair.

Faoi cheo gealaí meán oíche,
de cheol caillte,
filleann sí ó chríocha ciana.
Aithním do bhall broinne,
a cheolaire chíbe;
is fada liom go bhfillfidh tú arís chugam.

Solace

Note: In Irish folklore, the souls of miscarried and stillborn infants were believed to return as sedge-warblers to comfort their mothers with birdsong.

Listen: in midnight moon-mist, in snatches of lost music,
I've heard her return from the distance.
Little visitor, your birthmark looks so familiar.

My small warbler. Every night, I'll wait
until starlight fades.
Find me, child; I yearn for your return.

Póigín Gréine

Scaipeann bricíní gréine ar dhroichead do shróine
mar a bheadh ballóga ann ar chraiceann na mbreac
a shnámhann anois trí scáthanna dorcha
is trí sholas ómra, ag dul le sruth.

Freckle

The freckles on the bridge of your nose
sing loud, now, of the speckled skin of a trout,
one who swims out through shallow glooms
and amber beams, a dapper changeling
swerving upstream.

marginalia (foraois gan fhaobhar)

ní fheiceann
tusa anseo

ach seomra
folamh,

ach
in adhmad

an chláir sciorta,
tá foraois

gan fhaobhar,
foraois nach féidir

dul tríthi,
agus inti,

tá ulchabhán
ar ghéag,

a ghob
cuartha

ciúnaithe,
faoi gheasa,

súile
bioracha

duaithnithe —
dhá shnaidhm

marginalia (impossible forest)

this room
may seem

empty,
I admit,

but within
the baseboards

is a forest
bewitched,

an impossible
forest

that cannot
exist,

so we could never
sit up late plotting

our crossing
through it —

and yet
look, even now

an owl's
peering out,

see the curved
beak, hushed,

dhonna
sa chlár,

nó sa choill sin,
a deir,

d'amharc
uasal orm,

Feicimse
a bhfuil fút,

fút, fút. Feicimse
a bhfuil fút.

cursed, see
his shrill eyes

disguised
by twin brown knots

in the wood
— in the woods —

and that gaze of his,
it is gallant, cool.

It's true,
listen. Do.

How it all makes itself
felt,

even through
an empty room,

with a voice that says:
I see through you,

I do, I see through
you, through you.

Faoi mhaighnéidín cuisneora, tá grianghraf de Mhamó mar chailín scoile

agus ag cúl an reoiteora
tá gríscíní, raca agus rí uaineola,
corp agus cnámha, cosa reoite —
bladhm faoi oighear.

Deir céad-dlí Newton
go bhfanfaidh gach corp
ag gluaiseacht faoi threoluas
mura ngníomhaíonn fórsa seachtrach air.

Caillte: na crúibíní
a rinne pocrince ar chliathán cnoic
trí sholas na gréine
ag dul faoi, deargbhuí.

Under a fridge magnet, there's a photo of grandmother as a schoolgirl

and at the back of the freezer
are chops, a rack, and legs of lamb,
frozen limbs —
a spark in ice, grown still.

Newton's first law states
that a body will remain
in motion at the same velocity
unless acted on by an external force.

Absent: the hooflets
that skip-jigged the hill
where the red-yellow light
of sunset spilled.

Tuathal

Cuirim eochair i bpoll an téitheora
agus casaim an chomhla tuathal — siar,
siar — go dtí go gcloisim sileadh an uisce
ag glugarnach as i mbraonta tiubha,
an t-aer ba shrianta scaoilte arís.
Le clic agus trice-tic, filleann an chuisle,
an teas á tharraingt ar ais trí chóras an tí,
trí fhéitheacha agus artairí faoi chraiceann
na mballaí — rúndiamhracht an ní nach bhfeictear
a bhogann faoin dromchla, ar nós an chloig.
Bhí clog clinge i dteach mo sheanmháthar
agus scéal a d'insíodh sí faoi lá samhraidh
agus í ina bean óg nuaphósta, fágtha ina haonar
chun an dinnéar a réiteach. Béile ullamh.
Bord leagtha. Urlár scuabtha. A lámha trom
gan ualach oibre orthu. Ansin, chonaic sí
an clog ina stop.
Bhí sí in airde ar stól chun é a thochras,
an eochair ina dorn aici, nuair a chaith athair a céile
an doras ar oscailt, ag béicíl nach mbeadh sé de chead aici
go brách méar a leagan ar spré a chéile. Ní dhearna sí
dearmad ar a fhocail, a dúirt sí, gach uair ina dhiaidh sin
gur chuir an clog céanna ar stól í, le heochair
a bhrú sa pholl agus é a chasadh tuathal — siar,
siar go dtí gur chuala sí clic agus trice-tic,
cuisle an chloig fillte arís — rúndiamhracht
an ní nach bhfeictear, a bhogann i gcónaí
faoi dhromchla an tsaoil.

Counterclockwise

I place a key in the radiator slot
and twist the valve withershins — back,
back — until it begins, the fall of fat glottal drops,
the liquid drip of a held breath, released,
as the click and trickle trick of pipe-pulse
returns to me, beckoning heat through
all the veins and arteries concealed beneath
the wall's skin — the mystery of what ticks
within, lurking under the surface, like clockwork.
In my grandmother's kitchen, her old clock would sing
when she told her tale of the summer's day
in which she was newly-arrived,
a young bride left to make the midday meal.
With dinner prepared, floor swept, table set,
she waited, hands heavy with the lack of tasks,
until, seeing the clock, stopped,
she clambered a stool, winding key aloft;
just then her husband's father threw
the door open, thundering that she must never
lay a hand on his wife's dowry. Never.
She remembered his words, she said, every time
that old clock sent her arthritic hips up on a stool
again, to slip the key in and twist it withershins —
back, back, until she'd hear the click and trickle trick
of clock-pulse returning — and she would grin
at life's convoluted workings and the mystery
of all that spins unseen, pulsing
under the surface of our days, continually.

Leictreachas Statach

Scaoilim leo i m'ainneoin féin.

Ag geata na scoile, ligim le mo ghreim
ar a lámha go drogallach, agus nuair a fheicim
an lasadh ina ngruanna, ní bhrúim póg orthu.
Imíonn siad trí na doirse gan breathnú siar.

Fillim abhaile i m'aonar agus tagaim orthu
sa triomadóir, a ngéaga snaidhmthe
ina chéile, fite fuaite le leictreachas statach,
a léinte fillte i mbaclainn mo gheansaí, fáiscthe le m'ucht.

Nuair a dhéanaim iarracht na héadaí a scaradh,
léimeann siad ina chéile le spréachadh aibhléise,
cúbann siar uaim de gheit.

Static Electricity

I let them go, in spite of myself.

At the school gate, I release their hands
with reluctance and when I notice their cheeks
growing blush-lit, I bite back my kisses. They stroll
through the doors without glancing over a shoulder.

I walk home alone and find them
in the dryer, limbs twisted with static electricity,
small shirts tucked between my sweater sleeves,
pressed to the breast.

When I attempt to pull them apart
they cling to each other, flinching
a static shock to fling me off.

Faobhar an Fhómhair

Lá Lúnasa ag faobhar an Fhómhair
ritheann abhainn tríd an bhforaois,
áit a ndreapann fear síos lena gharmhac
chun clocha a chaitheamh.
Preabann a bpúróga, sleamhnaíonn siad
trí chraiceann na habhann,
ceapann siad ciorcail chomhlárnacha,
ciumhaiseanna a chnagann ar a chéile.
Lastuas, tá fáibhile ag faire ar an gcruth.
De dhearmad, ligeann sí lena greim
ar dhornán duilleog — glas, órga —
go scaoiltear iad le sruth.

Cusp of Autumn

Late August, cusp of autumn,
and a river splits a forest
where a man scrambles down a slope
with his grandson to throw stones.
Watch: their pebbles soar, hopscotch,
then slip into the water's skin,
sketching concentric circles that glint,
thin edges colliding on the current.
The beech tree watching from above
forgets herself and drops a handful
of leaves — golden, green —
sending them scattering into the stream.

Aibreán, 1912

Ar a shlí chuig suíomh an longbháite,
chonaic an Captaen de Carteret an cnoc oighir úd

trína dhéshúiligh. Ba léir go raibh dochar déanta
cheana féin, an fhianaise soiléir:

stríoca fada dearg ar imeall an chnoic bháin,
scréach i bpéint.

B'in an marc a scaoil an scéal don Chaptaen,
chomh soiléir le teacht dheirge an dá néal

le breacadh lae. Bhí an cnoc oighir mar a bheadh
laoch éigin as finscéal, fámaire fir tar éis treasruathair

ag bacadaíl leis go himeall pháirc an áir
le scairt fola óna thaobh, áit ar buaileadh é le rinn claímh,

agus le gach sleaschéim agus leathchéim,
an laoch ard úd ag claochlú, ag lagú.

Chomh hársa leis na seandéithe, saolaíodh
an sliabh oighir sin le réim farónna na hÉigipte.

Ginte sa Ghraonlainn de chríonsneachta is oighear,
scortha ó ghreim a mháthar-oighearshrutha

chuig lapadaíl fhuar an Aigéin Artaigh,
sceitheadh é, scaoileadh le sruth,

go dtí an oíche gur chas sé ar an long.
Greadadh in éadan a chéile iad,

April, 1912

As he made his way to the site of the shipwreck,
Captain de Carteret observed the iceberg

through his binoculars. That harm
had been inflicted was already evident

in the long red streak torn into its side,
a shriek in paint, a cry. That smear revealed

the story to the captain, clear
as dawn's first crimson vein.

The iceberg seemed to him a warrior
from some ancient myth,

stagger-swooning from a battlefield
with blood seething from a wound,

how, with every side-step and half-step,
that tall conqueror seemed to be failing.

As ancient as the old deities,
conceived during the reign of pharaohs

and born in Greenland from ancient snows,
it was split from the grip of its mother-glacier

to drift torrents of ice in the cold lap of the Arctic,
until the night it chanced upon a ship.

Then, the collision, struck, stricken,
and yet, it kept to its path without looking back.

ach lean sé ar a shlí gan breathnú siar.
Laistigh de chúpla bliain, bhí seisean imithe leis,

gan fágtha ina dhiaidh ach spreachall fionnuisce
breac le móilíní péinte dearga, scaipthe i sáile an aigéin.

Deirtear nach ann d'uisce nua, go bhfuil an t-uisce
céanna de shíor ar fhéithbhogadh timpeall orainn:

ag leá, ag reo, ag imeacht go haer, cosúil leis na héin, nó
cosúil linn féin, ár n-anamacha de shíor ag rince idir talamh is spéir.

Within some years, it, too, would evaporate,
leaving in its wake only a trickle of freshwater

speckled with molecules of red paint
strewn through the vast brine of ocean layers.

They say that new water cannot be made,
that the same water is forever in flux around us,

repeating its old story of melt and freeze,
lifting to inhabit air again, like birds, or like us,

as our souls, too, swoop and fly
between this world and these skies.

An Bróiste Rúiseach

do Eavan Boland

Imithe amú i gcúl vardrúis d'aintín (faoi mhuinchillí
síoda, cóta dearg athchaite agus bróga athláimhe
ar shála arda) luíonn an bróiste Rúiseach

a cheannaigh sí ar chúig phunt i siopa seandachtaí.
Ní fhéadfainn é a fhágáil i mo dhiaidh, ar sí. Tá gile
na loinnreach maolaithe le fada, an biorán lúbtha as riocht,

is mar a bhíodh seoidíní tráth, níl anois ach trí phoill loma.
Is dócha gur bhain méara strainséara iad, gur díoladh iad
faoina luach ar bhruach oighreata an Heвá

ar mhaithe le greim nó gluaiseacht. Tá an bróiste bodhar anois
ar gach ní ach ar chuimhne seanphort an chéad choirp a chaith é.
Luíonn sé fós i gcúl an vardrúis, ag cuimhneamh siar

ar cheol nach bhfillfidh níos mó, an cuisle-cheol
a bhuail brollach strainséara dó fadó.

The Russian Brooch

for Eavan Boland

Lost at the back of your aunt's wardrobe, under silk
sleeves and skirts, second-hand heels and an old red coat,
lies the Russian brooch she snagged years before, haggled

down to a fiver at an antiques store. *I couldn't leave it after me*,
she shrugged. Its glister has faded, its pin long bent out of shape,
and where three little stones once glowed, now there are

only holes; plucked by a stranger, maybe,
bartered cheap on the banks of the Нева
for food or safe passage. The brooch no longer hears us,

remembering only the tune of the first body
to pin it close. It lies on the wardrobe floor, recalling
the pulse-melody sung by that heart's churn,

a sweet nocturne that will never return.

Faoi Ghlas

Tá sí faoi ghlas ann   fós, sa teach   tréigthe,
    cé go bhfuil   aigéin idir í   agus an teach
a d'fhág sí   ina diaidh.

I mbrat uaine   a cuid cniotála,   samhlaíonn sí
    sraitheanna, cisil ghlasa   péinte
ag scamhadh ón mballa   sa teach inar chaith sí

inar chas sí   eochair   blianta
    ó shin,   an teach atá   fós ag fanacht uirthi,
ag amharc   amach thar an bhfarraige mhór.

Tá an eochair ar slabhra   aici, crochta óna muineál
    agus filleann sí   ann, scaití,   nuair
a mhothaíonn sí   cloíte.   Lámh léi

ar eochair an tslabhra, dúnann sí   a súile agus samhlaíonn
    sí an teach úd   cois cladaigh, an dath céanna
lena cuid olla cniotála, na ballaí   gormghlas,

teach   tógtha ón uisce,   teach tógtha   as uisce
    agus an radharc   ann:
citeal ag crónán,   gal scaipthe,   scaoilte

ó fhuinneog an pharlúis, na toir   i mbladhm,
    tinte ag scaipeadh   ar an aiteann
agus éan ceoil a máthar ag portaireacht,

ach cuireann na smaointe sin ceangal   ar a cliabhrach
    agus filleann sí arís   ar a seomra néata, ar lá néata
eile   sa teach

Under Lock and Green

She is locked there   still, in a distant   home,
     despite   the ocean between her and that old door,
the keyhole she jilted   long before.

In the green sweep   of her knitting,   she sees
     layers,   green layers   of paint,
a wall peeling   in the house where she spent —

no, where she turned   a key — years
     ago, years,   the house that still   waits for her
gazing   over the sea.

She wears the key   at her throat
     and she returns   occasionally,   when
she feels   wearied.   All it takes is a hand

on that chained key, to close   her eyes and daydream
     the house into being   back by the beach,   walls the same
shade as her wool,   blue-green, tall, full,

a house drawn   from water, a house drawn   of water
     and the view   she conjures there,   always trembling, edging
despair: a fretting kettle,   its steam loose,   leaving

through the parlor window,   where the furze   is blazing,
     fires swelling   through thorns again,   and o, within,
her mother's songbird   chirping   in its cage, unafraid —

o fear, o fray —   thoughts like these bind   her chest too tightly
     so release the key and return   to this neat little room,
this neat little day   another   in this home

altranais,   teanga na mbanaltraí dearmadta   aici,
     seachas *please* agus *please* agus *please*,
tá sí cinnte de   nach   dtuigeann siad   *cumha*

ná *tonnta* ná *glas*   timpeall a muiníl,
     ualach   na heochrach   do dhoras a shamhlaíonn   sí
faoi ghlas fós, ach   ní aontaíonn an eochair   sin

leis an nglas níos mó   tá an chomhla dá hinsí   i ngan fhios di
     an tinteán líonta   le brosna   préacháin;
fáisceann sí an chniotáil   chuig a croí

agus baineann sí dá dealgáin   í, á roiseadh go mall
     arís, na línte scaoilte   ina gceann   agus ina gceann
snáth roiste á aistriú go ciúin: *gormghlas*

gormghlas gormghlas   amhail cuilithíní
     cois cladaigh   nó roiseanna farraige móire.   Sracann sí
go dtí go bhfuil sí   féin   faoi

ghlas   le snáth   á chlúdach   ó mhuineál go hucht.
     Ansin,   ceanglaíonn sí   snaidhm úr, snaidhm   dhocht,
ardaíonn sí na dealgáin   agus tosaíonn sí   arís.

for the elderly   though she forgot the nurses' words years ago
     except *please*   and *please*   and *please*   she's certain,
though, that they would   understand neither   *cumha*

nor *tonnta*   nor the *glas*   at her throat,
     the weight of a key   for a door   she imagines   still
locked, but   no,   that key won't slot

into the hole anymore   the door fallen from its hinges long before,
     the hearth overflows   with kindling,   the wrecked nests of crows.
She stops,   holds   her knitting   close

then lifts it from the needles   and pulls
     again, each line released   one   by one, as
in unravelment, the thread translates itself: *blue-green blue-green*

blue-green,   a tide of little ripples
     scribbling on the shore   or immense ripping oceans juddering forth.
She tears   and tears until   she is   under

lock and green again,   a muddle of wool   cloaking her   chest.
     Then   a breath, just one,   a new knot,
and she lifts the needles   and   begins   again.

Aistriúchán ar Fán

Do Chaitlín Maude

Cuirim sliogán le mo chluas   amhail fón
brúite idir leiceann   is gualainn,

ach ní fuaim na farraige   amháin
atá le clos   laistigh. Airím macalla

do ghutha chomh maith.   Maireann tú fós,
a Chaitlín, i gceol   an chladaigh.

Tá tú linn   i gcuisle na taoide,
agus i ngach tuile agus trá   dár gcroíthe.

A Translation Astray

For Caitlín Maude

I hold a shell to my ear,   as though it could be
a phone nestled between   cheek and shoulder bone,

but the sound of the sea   is not all
that whispers   to me. I hear the echo

of your voice too.   You live, still,
in the song   of the shore;

you are with us,   both in the tide's pulse
and in our hearts'   twinned lull and gush.

Céad Siolla Dheirdre

Ba chaillte an oíche í, fleá mheisciúil
ag druidim chun deiridh.
Ní raibh ionamsa ach snaidhm craicinn is matáin
i mbroinn mo mháthar.
Nuair a thuirling fiach dubh ar an leac,
scaoil mé scréach scáfar asam.

Stad an slua.
Bhain lán a súl
as mo mháthair.

Lean raic rabhadh Chathbaidh
nach mbeadh i ndán dom
ach an t-olc,
nach dtiocfadh díomsa ach slad.

Ualach uafáis uirthi féin,
chuimil mo mháthair teannas a bodhránbhoilge.
Chnag mise, an strainséir laistigh
go fíochmhar,
cíocrach.

Fist Syllables — Deirdre

While another feast of feverish drinking
was slowly slurring towards its ending,
within my mother I was dozing — a comma,
a footling, a tangling of hair, skin and tendon.

I don't know what came over me
when the raven landed on the sill, but I found
that I had a mouth, and that mouth could scream, shrill.

The stupid throng grew stupid-still, every eye turning
on my mother, gulping their fill. It all kicked off then,
once Cathbadh scraped back his chair to declare
my shriek an omen, predicting that my birth
would rain slaughter on all men.

My mother's distress thudded my blood.
When her palm sloped the drum-skin between us,
I met it with a quickening of fists, knocking
from within, fierce and impatient.

Solitude

Deirtear
gur dhíol sé móinéar thoir
fheirm a mhuintire leis na tógálaithe
mar mhalairt ar philiúr airgid
agus bos beo le seile cuaiche. Sin uile.

Deirtear
gur cheannaigh sé bád
ar bhaist sé *Solitude* uirthi
gur chuir sé ar snámh ar Loch an Bhúrcaigh í,
an t-aon uair amháin.

Deirtear
go bhfuil sí sa bhaile aige, ina suí go seascair
i gcúinne bhothán na mbó, faoi shíoda
na ndamhán alla. Is fíor sin. Tá deannach faoi bhláth
ar an gcabhail, áit a bhfuil lorg lámh mná le feiceáil.

Solitude

They say
that he sold the haggart of the family farm
for a pillowslip of builders' cash and
a palmful of cuckoo spit. Shrug. That's it.

They say
that he bought a boat, called it *Solitude*,
sailed it only the once, beyond on Lough Bourke.
Never again did it touch that murk.

They say
that it sits in the cabin now, tucked under
a cobwebbed shroud. It's true. On the hull
dust blooms, where a woman once wrote a clue.

Gleann na nGealt

Nuair a dhreapann gealach na gcoinleach
an dréimire dorcha go barr na hoíche,

is garbh iad na géaga
a scuabann mo chuid gruaige.

Ligeann méara glasa an chreamha
eolas na slí liom. Na cnónna sleamhna tharam,

cromaim ag an tobar.
An leigheas, bronntar,

ach is dústrainséartha an tsúil a stánann
ar ais orm. Súil fhuar. Súil ghorm.

At Gleannagalt

When the moon clambers her dark ladder
into the loft, I stumble a chestnut path,
dropped cobbles, brown knots.

Twigs grip tangles grip twigs;
moonlit fern-fingers beckon
to where the valley winks,

and when I kneel to the well's sunken eye,
the cure looks back,
but those blue eyes aren't mine.

ACKNOWLEDGMENTS

The poems in this book were written over many years and owe their gratitude to many. Firstly, I offer my thanks to all at Wake Forest University Press, to Daniela Theinová and Brian Ó Conchubhair for suggesting the possibility of this book, to Alex Muller who provided editorial wisdom, and to Nathan Moehlmann for his meticulous design. My thanks, also, to Dorothy Cross who generously allowed us to borrow her beautiful art for the cover, and to Adam Hanna for his eloquent introduction. To the editors who worked with and published these poems in earlier forms — mo bhuíochas le Pádraig Ó Snodaigh (Coiscéim), Pat Boran (Dedalus Press), Aifric Mac Aodha (*Iris Éigse Éireann, The Stinging Fly,* agus *Calling Cards* le The Gallery Press/Éigse Éireann), agus Simon Ó Faoláin (*Aneas*). At the Wylie Literary Agency, I was kindly guided by Charles Buchan in the London office, and by Jacqueline Ko in New York. Heartfelt thanks to Paula Meehan, whose award of the Ireland Chair of Poetry Bursary allowed me time to work with these poems at the Tyrone Guthrie Centre in 2023, to Director of Poetry Ireland Liz Kelly and to Dr. Éimear O'Connor for facilitating my time there, and to Sylvia, Joan, John, Lavina, Maryalice, and colleagues for their extraordinary generosity. I will always be grateful to those who supported me during the years in which these poems were composed: the Lannan Foundation, the Arts Council of Ireland, the Rooney Family, and Lorraine Maye, director of the Cork Midsummer Festival. Deepest thanks to Rose and to Marian whose kindness let me write when my children were little, and to the teachers who care for them as I write now. To Sara, cara mo chroí. To my family, near and far. To Tim and our children: always, always. Míle buíochas libh go léir.

Books in which these poems first appeared:

Dúlasair (Coiscéim, 2012)

> Míreanna Mearaí
> *Suburbia*
> Aimsir Chaite
> Fáinleoga
> Sólás
> Faobhar an Fhómhair
> Céad Shiolla Dheirdre
> *Solitude*
> Gleann na nGealt

Oighear (Coiscéim, 2017)

> Scragall Stáin
> Sráid Azul
> Glaoch
> Le Tatú a Bhaint
> Dialann na hOíche: Miasniteoir
> marginalia (foraois gan fhaobhar)
> Faoi mhaighnéidín cuisneora, tá grianghraf
>   de Mhamó mar chailín scoile
> Tuathal
> Leictreachas Statach
> Aibreán, 1912
> An Bróiste Rúiseach
> Faoi Ghlas
> Aistriúchán ar Fán

Lies (Dedalus Press, 2018)

Is Caol ~ an Miotal / Slender ~ the Metal
Póigín Gréine / Freckle

To Star the Dark (Dedalus Press, 2021)

Prayer
A Nocturne Spun of Lust and Lunar Dust
Lunulae